ISBN 3-7886-0691-6

SESAMSTRASSE

Das Sesamstraßen GeburtstagsBuch

Angelika Paetow
Illustriert von F. Chochola

Tessloff

Inhalt

WIR GRATULIEREN

Geburtstagskind, Geburtstagskind
jetzt sind wir alle hier.
Samson, Tiffy, Rumpel, Buh
stehen hier vor dir.
Finchen kommt auch angerollt
sie will dir gratulieren:
du sollst im Glück und Sonnenschein
durchs nächste Jahr spazieren.

Wir wünschen dir viel Spaß und Freud
im Sesamstraßenjahr!
Und wenn du einmal Sorgen hast,
sind wir zum Helfen da.
Mit Blumen, Kuchen und Geschenken
wollen wir bei dir sein.
Drum laden alle Sesammonster
dich zum Lachen ein.

Dir wünscht die Gratulantenschar
ein schönes, neues Lebensjahr!

Fünf mal fünf für Graf Zahl

„Tiffy!....Tiffy! Wo bleibst du denn!“ In ihr Schneckenhaus eingerollt, kugelt Finchen blitzschnell zu Tiffy ins Bistro. „Samson sitzt schon draußen vor seiner Höhle am Kaffeetisch und wartet auf die Geburtstagsüberraschung!“

„Ja, ja, ich komme ja gleich!“ Nervös rennt Tiffy hin und her. „Ich warte noch auf Graf Zahl! Der bringt doch die Geburtstagstorte. Sind die andern etwa auch schon da?“

„Komplett versammelt! Rumpel hat sein Fass vor die Höhle gerollt und meckert, dass es noch nicht losgeht. Und Buh spielt auf seiner Trompete - damit den andern die Zeit schneller vergeht! Wann wollte der Graf denn kommen?“, fragt Finchen.

„Ach, der sollte schon längst hier sein“, antwortet Tiffy. „Er wollte nur noch die Kerzen auf die Torte stecken.“

„Stimmt!“, ruft Finchen. „Fünf Kerzen! Für jedes Jahr eine! Los Tiffy, hol ihn! Sonst ist Samson sechs, bevor der Graf zu kommen geruht!“

„Mach ich!“,ruft Tiffy und ist schon fast um die Ecke gedüst. „Halte die andern bei Laune!“, ruft sie noch über die Schulter.

„Kannst dich drauf verlassen!“ Und schon ist auch Finchen wieder wie der Blitz davongerollt.

Als Tiffy beim Schloss des Grafen ankommt, zögert sie erst ein bisschen. Sie hat Graf Zahl noch nie besucht. Düster sieht das Gemäuer aus. Mit kleinen Türmchen und winzigen Fenstern. Graf Zahl kommt aus Transsylvanien, einem fernen Land. Und in seinem Schloss soll es Fledermäuse geben! Vorsichtig öffnet Tiffy das schwere Tor. Schwirr... flatter... zuschsch ...Tatsächlich! Tiffy fliegen zur Begrüßung gleich drei Fledermäuse um die Ohren. Ein bisschen gruselig, findet sie. Aber eigentlich sehen die ganz niedlich aus! Wie Mäuse mit großen Flügeln. Die drei hängen sich nun kopfüber an eine Säule und schauen Tiffy genau so neugierig an, wie Tiffy sie.

„Wo ist denn Graf Zahl?“, fragt Tiffy.

Die drei Fledermäuse legen den Kopf zur Seite und zeigen gleichzeitig mit ihrem rechten Flügel auf das Ende des langen Ganges.

„Da hinten?“, fragt sie sicherheitshalber.

Die drei nicken.

„Danke!“, sagt Tiffy. Ihre Augen haben sich jetzt schon an das Schummerlicht gewöhnt. Je näher sie dem Ende des Ganges kommt, desto lauter hört sie die Stimme von Graf Zahl.

„52 ! 53! 54! 55! Ha, ha, ha! 55 kleine bunte Kärzen! Kärzen zu zählen ist wunderrrbaaar!“

Tiffy lugt um die Ecke. Da sitzt der Graf vor Samsons Geburtstagstorte und zählt die Kerzen, die daneben auf dem Tisch liegen!

„Graf Zahl! Wir warten alle auf Sie! Warum kommen Sie denn nicht?" fragt Tiffy erstaunt.

„So viele Kärzen! Ich liebe sie allä! 56! 57! 58! 59! Ha, ha, ha!" Bei jeder Zahl nimmt der Graf eine Kerze aus der Packung und legt sie neben die Torte.

„Aber Graf ... die Kerzen sollen doch auf die Torte! Damit Samson sie gleich auspusten kann!", ruft Tiffy. Sie weiß ja, dass der Graf ein bisschen seltsam ist , aber dass er nicht weiß, dass Kerzen auf eine Geburtstagstorte gehören ...

„Wundärrbarr!", ruft Graf Zahl. „60 Kärzen werden wir auf die Torte stecken. Aber...". Er sieht die Torte erstaunt an. Dann sieht er

Tiffy erstaunt an. „Man wird die Torte vor lauter Kärzen nicht mehr sähen!“

„Eben!“, sagt Tiffy entschlossen. Diesem Zählrausch muss sie ein Ende setzen. Samson wird schon ganz ungeduldig sein. „Samson wird doch fünf! Sie dürfen nur fünf Kerzen auf die Torte stecken!“

„Nur fünf?“, Graf Zahl ist schwer enttäuscht. Er zieht aus dem Kerzenhaufen eine Handvoll raus. „Eins! Zwei! Zwei blaue Kärzen! Eins! Eine grüne Kerze und eins! zwei! Zwei rote Kärzen. Das macht fünf bunte Kärzen! Ha, ha, ha, ha!“

„Stimmt!“, meint Tiffy. „Aber so geht das nicht!“

„Nicht?“, fragt der Graf verwirrt.

„Nein! Wie sieht denn das aus? Zwei blaue, eine grüne, zwei rote Kerzen. Sie müssen sich schon für fünf Kerzen von einer Farbe

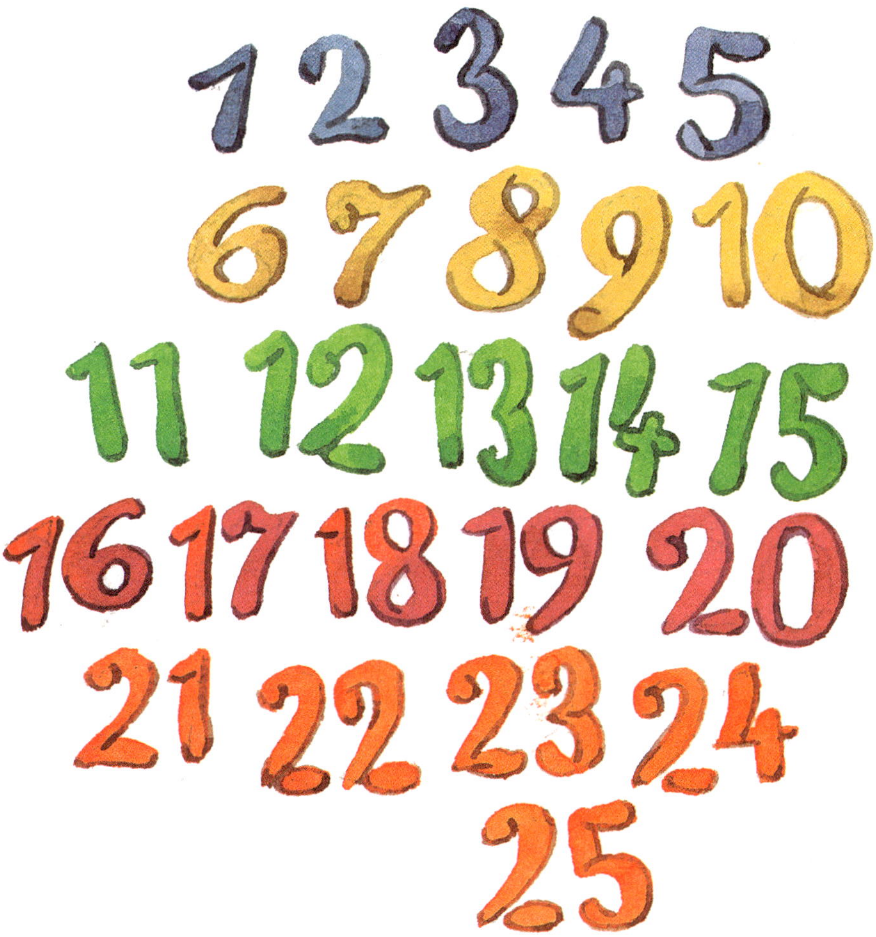

entscheiden." Tiffy zeigt auf das bunte Gemisch.

Einen Moment lang sieht der Graf Tiffy an und überlegt. Dann lächelt er plötzlich. „Kein Problām für Grraf aus Transsylvanien! Wir machen Kärzenbündel!"

„Kerzenbündel?" Jetzt versteht Tiffy überhaupt nichts mehr. „Wie geht das denn?"

„Nun ... ist gaanz einfach! Wir nähmen 1, 2, 3, 4, 5 blaue Kerzen, das macht ein Kerzenbündel für ein Läbensjahr von Samson. Dann nähmen wir 1, 2, 3, 4, 5, rote Kerzen, das macht wieder ein Kärzenbündel für zweites Läbensjahr. Eins, zwei Kerzenbündel für zwei Läbensjahre, siehst du? Ha, ha, ha, ha!" Stolz schaut der Graf Tiffy an. Und die muss plötzlich laut lachen.

„Raffiniert, Graf! So können sie fünf mal bis fünf zählen und wir haben trotzdem nur fünf Kerzenbündel auf der Torte! Da wird

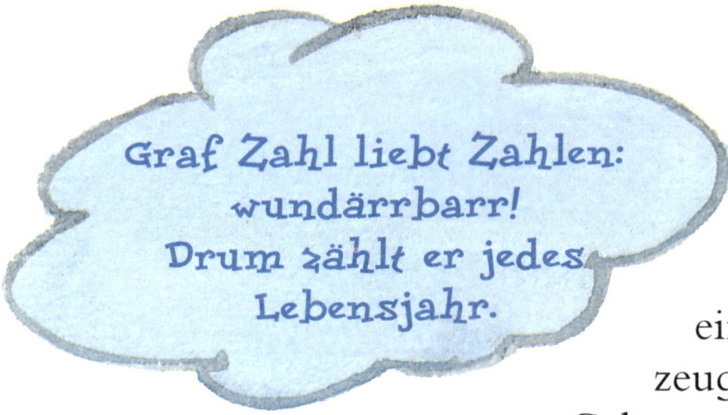

Samson aber Augen machen!"

Und das tut Samson auch. Als Tiffy und Graf Zahl endlich bei der großen Kaffeetafel vor Samsons Höhle eintrudeln, ist er fest davon überzeugt, dass das die schönste Geburtstagstorte ist, die er je gesehen hat. Auf dem großen Schokoladenkuchen brennen fünf bunte Kerzenbündel: ein blaues, ein rotes, ein grünes, ein gelbes und ein orangefarbenes.

„Uijuijuijuijui!!", ruft Samson. „Das ist ja eine leuchtende Regenbogentorte!"

Buh spielt einen Tusch, Finchen kneift Tiffy vor Vergnügen in die Seite und selbst Rumpel pfeift anerkennend vor sich hin.

„Nicht schlecht! Feuerwerk für Fusselbär. Der Graf ist besser als ich dachte!", murmelt er beifällig.

„Kann ich jetzt endlich meine Geschenke auspacken?", fragt Samson.

„Klar!", rufen alle.

„Aberr vorhärr Kärzen auspusten!", verlangt Graf Zahl, und Samson holt schon tief Luft.

„Halt!", ruft der Graf. „Ein Bündel nach dem anderen – damit ich mitzählen kann!"

Also holt Samson ein bisschen weniger Luft und dann geht es los. Puu, macht Samson und bläst die blauen Kerzen aus. „1, 2, 3, 4, 5 blaue Kerzen, das macht eins! Ein blauer Kärzenhaufen!", hört man den Grafen.

Puuu, macht Samson wieder und bläst die gelben Kerzen aus. „1, 2, 3, 4, 5 gelbe Kärzen, das macht zwei! Zwei Kärzenbündel bestehen aus 1, 2, 3, 4, 5, 6, 7, 8, 9, 10 Kärzen! Ha, ha, ha, ha!", ruft Graf Zahl begeistert. Und so geht es weiter. Samson pustet, Graf Zahl zählt, bis endlich fünf Bündel ausgepustet sind. Alle klatschen. Aber weil der Graf vom Zählen nie genug bekommen kann, fasst er noch einmal zusammen: „Das waren fünf mal fünf Kerzen, 1, 2, 3, 4, 5, 6, 7, 8, 9, 10, 11, 12, 13, 14, 15, 16, 17, 18, 19, 20, 21, 22, 23, 24, 25 wundärrbare bunte Kärzen! Ha, ha, ha, ha!“

Samson ist mittlerweile schon mit seinen Geschenken beschäftigt. Nur Rumpel hat dem Grafen noch zugehört, verschwindet kurz in seiner Tonne und taucht grinsend wieder auf. „He, Durchläuchting! Wie wär’s damit?“, ruft er und hält Graf Zahl ein flaches Etwas hin.

„Ein Taschenrächner!“ Graf Zahl ist entsetzt. „So etwas brrauche ich nicht – willst du mich beleidigen?“

„Nö!“, meint Rumpel grinsend. „Ich möchte nur bei meinem Geburtstag etwas schneller an meine Geschenke kommen!“

Und während Graf Zahl noch über Rumpels letzten Satz nachdenkt, machen sich alle mit großem Appetit über den Schokoladenkuchen her.

Samson kann sich nicht trennen

„Was muckelst du da denn noch rum?! Wir müssen doch los!" Tiffy hüpft ungeduldig vor Samsons Höhle auf und ab. Samson sitzt neben seiner Hängematte auf dem Boden und knüpft an einem Etwas aus Stroh herum. Noch ein Knoten rechts, Samson beißt vor Anstrengung auf seiner Unterlippe rum, und noch ein Knoten links ... „Puhh ... fertig! Wir können gehen!" Er legt das Strohknäuel neben sich.

„Was ist denn das überhaupt?", fragt Tiffy und betrachtet sich das Dings.

„Also, das sieht man doch!", empört sich Samson. „Das ist eine kleine Hängematte! Für Finchen! Zum Geburtstag! Damit sie neben mir schaukeln kann, wenn sie mich besucht!"

„Ach so! Das ist ja toll, Samson!" Tiffy schaut ihren Bärenfreund bewundernd an. Dass er das kann! Einfach eine Hängematte knüpfen! „Da wird sich Finchen aber freuen! Und jetzt hoppelalla! Die warten bestimmt schon alle!"

Samson wickelt die Hängematte noch schnell in zwei besonders schöne Rosskastanienblätter ein. Dann hakt Tiffy Samson unter und die beiden spazieren los – hin zu Finchens Geburtstag.

Finchen lebt am Waldrand, dort wo die Felder schon beginnen. Mit ihrem Schneckenhaus kann sie zwar überall wohnen, aber hier am Waldrand ist es besonders günstig, weil sie immer mal schnell ihre Wald-, Feld- und Wiesenfreunde besuchen kann. Und zur Sesamstraße ist es auch nicht weit.

Bei Finchen ist schon allerhand los. Die kleine quirlige Schnecke ist bei allen beliebt und hat viele Freunde. Deswegen wollen ihr natürlich auch alle gratulieren. Es dauert eine ganze Weile, bis Tiffy und Samson sie im Geburtstagsgewühl entdeckt haben. „Hallo, Finchen! Herzlichen Glückwunsch zum Geburtstag!“, rufen die beiden im Chor und nehmen dann nacheinander ihre Schneckenfreundin ganz fest in den Arm.

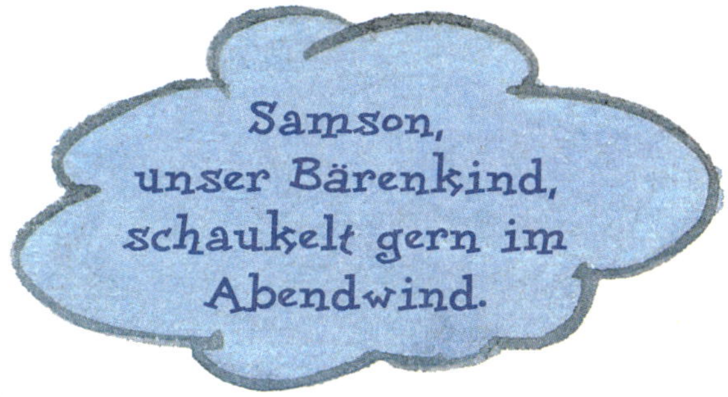

„Danke! Ist das nicht super?“, fragt Finchen und zeigt aufgeregt auf die bunte Gästeschar. „Ganz viele Freunde sind gekommen. Die Leute von meinem Eislaufverein und die da hinten sind vom Skateboardclub und die da neben dem Fliederbusch mit der grünen Schneckenhausschleife, das ist meine Freundin Johanna. Mit der habe ich dienstags immer mein Schneckenklatschtreffen. Komm, ich stell euch mal vor!“

Und bevor die beiden überhaupt noch zu Wort kommen können, zieht Finchen sie durch das Gewühl. „Johanna, guck mal, das sind Samson und Tiffy! Meine Freunde aus der Sesamstraße. Sie wohnen zusammen mit Buh und Rumpel und Ernie und Bert, die stehen da beim Kartoffelbuffet, siehst du?“ Finchen ist nicht zu bremsen.

„Hallo“, sagt Johanna, „Finchen erzählt immer ganz viel von euch. Ihr wohnt doch mit Monstern zusammen, nicht? Habt ihr da überhaupt keine Angst? Ich stell mir das gruselig vor.“

Samson lacht: „Ach wo! Die sind ganz lieb. Vor Krümelmonster müssen sich nur die Kekse in Acht nehmen – weil er die doch so gerne isst. Und selbst Oskar und Rumpel, die Griesgrammonster, tun nur so eklig.“

„Ja“, fügt Tiffy hinzu, „wenn's mal schlimm wird, kann man sich auf die beiden auch verlassen. Schließlich sind sie ja unsere Freunde."

„Was habt ihr Finchen denn geschenkt?", fragt Johanna neugierig. „Huch!", erschrickt sich Tiffy. „Das hätten wir bei dem Gewühl ja fast vergessen!" Sie gibt Finchen ein kleines Paket. „Hier, pack mal aus!"

„Was ist denn da drin?", fragt Finchen neugierig.

„Haha", lacht Tiffy, „das sag ich dir doch nicht schon vorher! Pack aus!"

Neugierig wickelt Finchen das schöne bunte Papier ab. Da sind Blumen und Schmetterlinge und viele kleine bunte Insekten drauf. Passt gut zu Finchens Umgebung. „Ein Wecker!", ruft Finchen. „Sieh mal, Johanna, mit kleinen Schnecken drauf. Und die Zeiger sind aus Schneckenhäusern! Danke Tiffy! ... Äh ..." Finchen sieht Tiffy mit schiefgelegtem Kopf an. „Willst du mir damit etwas sagen?"

Samson lacht. „Na ja ...", meint Tiffy und grinst Finchen an, „du bist ja manchmal, aber natürlich nur manchmal, etwas unpünktlich. Und damit wir nicht immer so lange auf dich warten müssen, dachte ich, dass dich der Wecker vielleicht zur rechten Zeit an unsere Verabredungen erinnert!" Jetzt lachen auch Finchen und Johanna. Finchens Unpünktlichkeit ist bei allen bekannt. „Ich werde ihn immer direkt neben mein Schneckenhaus stellen!", verspricht Finchen.

Jetzt holt Samson sein Kastanienblattpaket hervor, das er bis jetzt sorgsam hinter seinem Rücken versteckt gehalten hat. „Das ist von mir, Finchen!"

Die kleine Schnecke nimmt das Paket und betrachtet es verwundert. „Das hast du aber schön eingepackt!" Sie wickelt die Blätter ab und legt sie sorgfältig neben sich. „Eine Hängematte!", ruft sie begeistert. „Johanna, guck dir das an! Eine richtige Hängematte! Genau so eine wie Samsons! Danke, mein Bär!" Blitzschnell hat sie sich eingekugelt und einmal um Samsons Hals gewunden. „Ich danke dir!" Und schon ist sie wieder am Boden und stupst Johanna in die Seite. „Die hängen wir bei den Schachtelhalmen auf, wo die Rapsfelder anfangen. Da können wir gemütlich im Wind schaukeln und im Sommer ist rund um uns herum alles leuchtend gelb. Komm, wir suchen den Platz gleich mal aus!" Und schon ist Finchen mit Johanna verschwunden.

Samson steht stocksteif da. Bei den Rapsfeldern schaukeln. Mit Johanna. Die ist Finchen also wichtiger. Sogar wichtiger als Samsons Geschenk. Die kleine Hängematte hat Finchen nämlich zwischen all den anderen Geschenken liegen gelassen.

„He, Samson! Was ist los mit dir? Das ist doch ein tolles Geburtstagsgeschenk. Und Finchen hat sich doch auch gefreut." Tiffy versteht nicht,

warum ihr Bärenfreund so traurig und enttäuscht aussieht.

„So wollte ich das aber nicht. So nicht. Mit der doofen Johanna schaukeln! Nee!" Samson schnappt sich die kleine Hängematte und ist blitzschnell im Gewühl verschwunden. Tiffy sucht und sucht – aber Samson ist nirgends zu entdecken.

„Wir haben den idealen Platz gefunden!", sagt plötzlich eine Stimme neben ihr, als sie sich gerade das dritte Kartoffel-Apfelmus-Plätzchen in den Mund schiebt. Finchen strahlt sie an. „Wo ist meine Hängematte und ... wo ist Samson?"

„Beide weg!", sagt Tiffy mit vollem Mund.

„Er ist weg? Mit meinem Geschenk?" Finchen ist bass erstaunt. „Wieso das denn? Die Party fängt doch erst an!"

„Tja, für Samson war sie wohl schon zu Ende. Ich glaube, er hat sich die Sache mit der Hängematte anders vorgestellt."

„Wie denn?" Finchen versteht das nicht. Tiffy überlegt. „Ich hab zwar so eine Ahnung ... aber das soll er dir lieber selbst sagen. Komm mit!"

Die beiden schubsen sich durch das Gewühl und dann führt Tiffy Finchen zur Sesamstraße. Tiffy hat richtig vermutet. Vor seiner Höhle schaukelt Samson in einer sanften Brise. Sein Gesicht hat er tief unter seinem Schnuffeltuch versteckt. Finchen lüftet vorsichtig eine Ecke.

„Samson?" Erschrocken fährt Samson hoch. Ein paar Bärentränen trocknen gerade auf seiner Wange.

„Was ist denn los?", fragt Finchen sanft.

Erst brummelt Samson nur etwas Unverständliches. Aber dann räuspert er sich. „Die Hängematte war für dich gedacht - nicht für Johanna!", sagt er bestimmt.

„Wieso für Johanna – du hast sie doch mir geschenkt!" Finchen versteht Samson nicht. Tiffy sieht gespannt von einem zum anderen.

„Na eben – ich hab sie dir geschenkt, damit wir hier zusammen schaukeln können. Damit du deine eigene Hängematte bei mir hast."

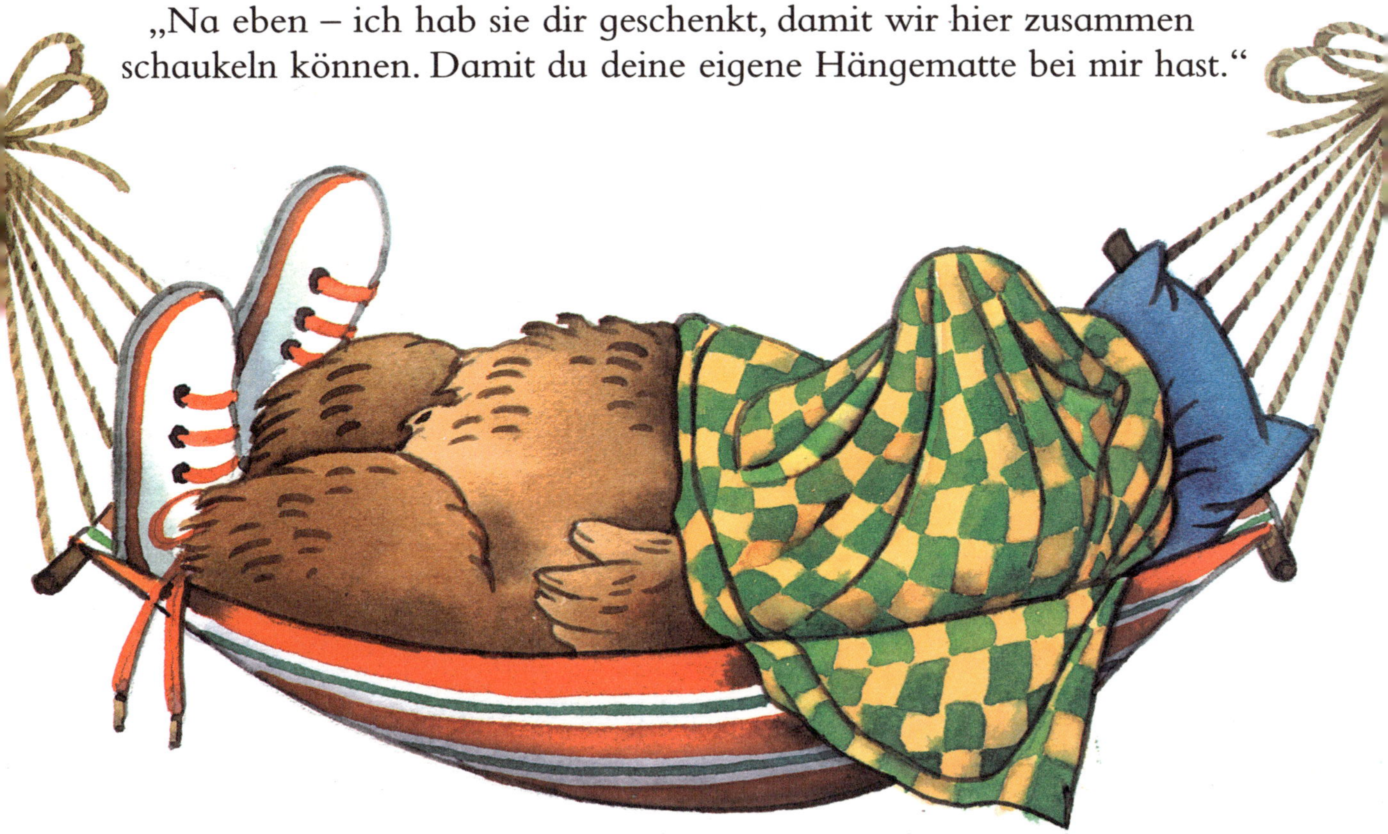

Darüber muss Finchen erst mal nachdenken. „Also ich darf mein Geschenk nur bei dir benutzen?"

Darüber muss Samson jetzt erst mal nachdenken. Tiffy räuspert sich. „Ich glaube, Samson, du hast da was falsch verstanden! Wenn man jemandem ein Geschenk macht, dann gehört es dem Beschenkten. Voll und ganz. Dann kann der damit machen, was er will. Das ist so bei einem Geschenk. Man gibt es und behält auch nicht ein winziges Stückchen zurück."

Samson denkt nach. „Du meinst, es ist in Ordnung, wenn Finchen mit Johanna irgendwo anders schaukelt?"

„Völlig!“, antwortet Tiffy. „Du kannst dir wünschen, dass Finchen ihre Hängematte bei dir aufspannt - aber du kannst es nicht verlangen!“

Samson sieht erst Tiffy und dann Finchen nachdenklich an. Dann lächelt er. „Na gut, dann wünsch ich mir eben von euch zu meinem Geburtstag eine neue Hängematte – klein und fein, damit Finchen, wenn sie bei mir ist, immer darin schaukeln kann!“

Tiffy und Finchen sehen sich an und müssen lachen. „Klar, Samson! Verstanden! Wir werden alles tun, um deinen Wunsch zu erfüllen!“, ruft Tiffy.

„Und bis zu deinem Geburtstag werde ich an jedem dritten Sonnentag mit meiner Hängematte zu dir kommen und mit dir schaukeln. Versprochen!“, sagt Finchen.

„Dann vergiss aber nicht deinen Wecker zu stellen, sonst wird das nie was!“, neckt Tiffy die kleine Schnecke.

„Versprochen?“, fragt Samson.

„Versprochen!“, nickt Finchen. Samson gibt Finchen sein Hängemattengeburtstagsgeschenk zurück. Dann machen sich die drei wieder auf den Weg zu Finchens fröhlicher Geburstagsfeier.

FINCHENS OBSTKUCHEN

für 4 Monsterkinder

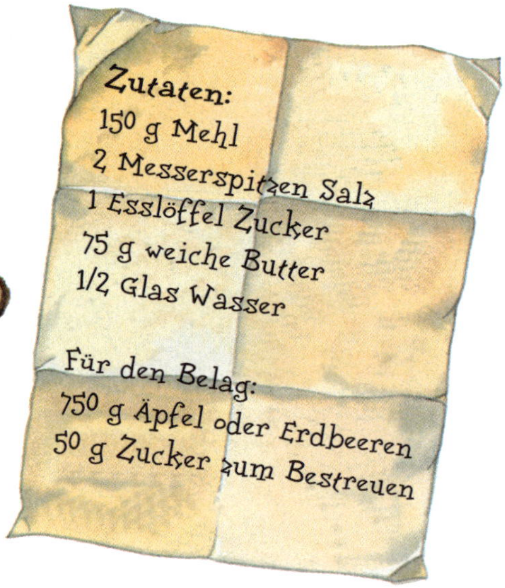

„Wo hab ich denn bloß...“. Finchen kramt in der Bistroküche. „Ach, da ist es ja!“ Ganz hinten aus dem Topfschrank zieht sie eine Obstkuchenform aus Steingut hervor. „So, kann losgehen!“ Finchen bindet ihre Schürze mit den kleinen Keksen und Kuchenstückchen um. „Also, erstmal 150 g Mehl.“ Mit einem Messbecher misst sie das Mehl ab. Dann schüttet sie es in eine Schüssel.

„Zwei Prisen Salz!“ Zweimal nimmt Finchen mit den Fingerspitzen eine kleine Menge Salz und verteilt sie über dem Mehl.

Dann wiegt sie die Butter ab: genau 75 g. „Wie gut, dass ich sie rechtzeitig aus dem Kühlschrank genommen habe!“, denkt sie zufrieden. Jetzt ist die Butter schön weich und lässt sich gut mit dem Mehl, dem Salz und dem Zucker vermischen.

Danach nimmt Finchen einen Esslöffel Zucker und rührt ihn unter das Mehl. „Jetzt noch ein halbes Glas Wasser!“ Auch das verrührt sie mit dem Teig.

„Fertig!“ Finchen zieht den Holzlöffel noch einmal durch: „Nicht zu weich und nicht zu fest. Genau richtig!“ Sie nimmt die Obstkuchenform und besprenkelt die Fläche mit ein paar Tropfen Wasser. Dann verteilt sie den Teig schön gleichmäßig in der Form und drückt die Ränder ein bisschen nach oben.

Jetzt nimmt sie die Schale mit den Apfelschnitzen, die sie heute morgen mit Tiffy aus 750 g Äpfeln geschnitten hat. Sie haben noch ein paar Tropfen Zitrone über die Apfelstückchen geträufel, damit sie nicht braun werden. Finchen verteilt sie nun schön gleichmäßig in der runden Form. Fast spiralförmig. Schön sieht das aus. Dann wiegt sie 50 g Zucker ab, vermischt ihn mit zwei Teelöffeln Zimt und streut den Zimtzucker über die Äpfel.

Zum Schluss nimmt sie die kleinen Birnenschnitze, die sie auch schon mit Tiffy geschnitten und mit Zitrone beträufelt hat. Sorgfältig legt sie aus den Schnitzen auf die Apfelspirale eine schöne Zahl: 25

So, nun hinein in den Backofen. Der ist schon auf 180° vorgeheizt. Deswegen ist Finchen auch ganz supervorsichtig. Sie zieht erst die dicken Backofenhandschuhe an, die bis über ihre Ellenbogen reichen. Dann stellt sie den Kuchen auf die mittlere Schiene. Backofentür zu – warten! Genau 20 Minuten lang. Hmm, das duftet! Ganz vorsichtig, wieder mit den Backofenhandschuhen an, nimmt Finchen die Steingutform aus dem Ofen. Und stolz präsentiert sie:

Finchens Obstkuchen
zum 25. Geburtstag der Sesamstraße!

Krümel backt einen Geburtstagskuchen

„Mmm, wie duftet das!" Vorsichtig zieht Krümelmonster mit zwei dicken Topflappen die noch warme Kuchenform aus dem Ofen. „Krümel hat es geschafft! Geburtstagskuchen für Grobi! Hat Krümel ganz allein gebacken! Hmmm ... duftet lecker."

Nachdenklich betrachtet Krümelmonster den warmen Kuchen. Dann schnuppert er, dann nimmt er mit der Fingerspitze einen ganz kleinen Kuchenkrümel, steckt ihn in den Mund, verdreht verzückt die Augen ... und: „Hamjamajamjam, Kuchen!", jubelt er und vernascht in Windeseile den ganzen frisch gebackenen Kuchen. Krümel klopft sich zufrieden den Bauch, macht noch ein kleines Bäuerchen und ... sieht genau in die Augen von Bert, der gelassen an der Küchentür lehnt.

„Hat es dir geschmeckt?", fragt er fürsorglich.

„Hmmm, jamjamjam wunderbar! Krümel backt wunderbaren Kuchen!", findet das Krümelmonster.

Bert sieht sich in der Küche um. Da liegen nicht nur eine, sondern gleich drei Kuchenformen. Kleine ganz winzige Kuchenkrümel verraten, dass wohl schon mehr Kuchen in Krümels Bauch gewandert sind. Einzig eine Tüte mit bunten Schokolinsen liegt noch unberührt da. „Hast du die anderen Kuchen auch für Grobis Geburtstag gebacken?“, fragt Bert.

„Ja, ja, ja!“, antwortet das Krümelmonster eifrig. „Krümel ist ein großartiger Kuchenbäcker!“

„Und wo sind die Kuchen jetzt?“, fragt Bert. Stolz sieht Krümel auf seinen Bauch: „Sind alle in Krümels Bauch gewandert!“, gibt er freimütig zu.

„Und welchen Kuchen bekommt jetzt Grobi?“, fragt Bert. „Krümelmonster backt einen neuen Kuchen“, meint Krümel begeistert.

„Na gut“, sagt Bert, „ich helfe dir!“

Zum Glück sind noch genug Zutaten da. Die beiden rühren alles zusammen, schieben es in den Ofen und warten gemeinsam, bis der Kuchen fertig gebacken ist.

„Krümelmonster?“, fragt Bert Krümel, der dem Kuchen beim Backen durchs Fenster zuschaut. „ Weißt du, was du großer Kuchenbäcker tun musst, damit Grobi den Kuchen auch bekommt?“

„Nein! Du bist doch der schlaue Bert, sag's mir!“ Krümel kann kein Auge von dem langsam immer brauner werdenden Kuchen abwenden. „Du darfst ihn nicht aufessen!“, stellt Bert schlicht fest.

Krümel sieht Bert entgeistert an: „Nicht aufessen?“

„Nein! Wenn der Kuchen nicht mehr da ist, kannst du ihn nicht verschenken. Dann ist er weg, futsch, weggemampft, aufgefuttert!“

Krümelmonster ist ganz stumm geworden. Wie ein Ausrufungszeichen klingelt da der Küchenwecker. Diesmal nimmt Bert die Topflappen und holt die Kuchenform aus dem Ofen. Krümel betrachtet schon wieder ganz verlangend den Kuchen – das Wasser läuft ihm im Mund zusammen. Aber Bert stellt sich schützend vor den Kuchen.

„Du wolltest doch die Schokolinsen noch obendrauf verteilen, oder?“

„Alle?“, fragt Krümel zweifelnd.

„Na klar, alle!“, sagt Bert.

Krümel betrachtet nacheinander den Kuchen, Bert und seinen Bauch. „He, Bert, du sagst doch immer, man soll teilen!“

Erstaunt blickt Bert Krümelmonster an. „Sag ich, ja, stimmt. Was willst du denn teilen?“

„Die Schokolinsen!“

„Du willst die Schokolinsen mit mir teilen? Mann, Krümel, das ist aber wirklich nett von dir, hätte ich überhaupt nicht von dir erwartet, wo du doch sonst kein Krümelchen abgeben kannst, also ...“

„Krümel will nicht mit Bert teilen“, unterbricht ihn das Monster. „Nicht? Mit wem denn dann?“ Bert kann seinem Monsterfreund heute nicht ganz folgen. „Mit dem Kuchen, ist doch klar!“, sagt Krümel freudestrahlend und stopft sich schon mal die erste Schokolinse in den Mund. Bert ist sprachlos. Aber noch bevor er seinen offenen Mund wieder schließen kann, hat Krümel die eine Hälfte des Kuchens mit den bunten Schokolinsen belegt. Für die andere Hälfte sind allerdings keine Linsen mehr übrig, denn die hat Krümel – „hamjamjamjamjamjam!“ – in seinen nimmersatten Mund

geschoben. Zufrieden faltet er die Hände vor seinem Bauch. Stolz sieht er Bert an. „Krümel hat geteilt!“

Einen Augenblick lang sieht auch Bert das Krümelmonster an – stumm. Aber dann legt er los: „Also, das nennst du teilen? Du hast dem Kuchen höchstens eine Winzigkeit abgegeben. Mal abgesehen davon, dass dein alter Freund Bert auch gern an einer Linse gelutscht hätte! Aber nichts dergleichen! Krümel legt los wie immer, als hätte er nie was zu essen bekommen! Jetzt sieh dir den Kuchen an! Was machen wir mit der anderen Hälfte? Na? Nun? Also?“

Keine Antwort. Krümel blickt nur stumm auf seinen aufgeregten Freund.

„Ich will es dir sagen!“ Bert zieht eine Schublade auf. „Hier ist noch eine Tüte Schokolinsen. Aber diesmal teile ich sie auf und zwar in einen großen Teil für den Kuchen, einen kleineren für mich und ... einen ganz kleinen für Krümelmonster.“

Und schon geht’s los. Immer abwechselnd. Drei Linsen für den Kuchen, zwei für Bert, eine für Krümel. Im Nu ist der Kuchen fertig. Zufrieden betrachten beide ihr Werk. Halb ist der Geburtstagskuchen dick mit bunten Schokolinsen belegt. Und auf der anderen Hälfte steht in Schokolinsenschrift: Für Grobi von Bert und Krümel!

Vorsichtig tragen beide den Kuchen zur Geburtstagsfeier. Bei Grobi ist die Monstergeburtstagsparty schon in vollem Gang. Aber der Schokolinsenkuchen kommt gerade zur rechten Zeit. Grobi bedankt sich freudestrahlend und

schneidet den Kuchen an. Die Hälfte, auf der „Für Grobi von Bert und Krümel!“ steht, behält er für sich. Aber von der anderen Hälfte bekommt auch Krümelmonster ein großes Stück ab. Gerade rechtzeitig, denn sein Bauch knurrt schon wieder ganz bedenklich! Genüsslich stopft er sich den Kuchen in den Mund. Und dann stupst er Bert so kräftig in die Seite, dass der fast sein Stück fallen lässt: „Weißt du was?“, mümmelt Krümel mit vollem Mund. „Schokolinsen teilen ist gut. Aber – Kuchen teilen ist Klasse!“ Und – schwupp – wandert der Rest von Berts Kuchen auch noch in Krümels Mund.

Hamjamjamjamjam!

Rumpels Geburtstagswunsch

Samson wandert im Wald herum. Er hat seine Umhängetasche mitgenommen und will Beeren sammeln. Kleine süße Walderdbeeren. Und köstliche Waldhimbeeren. Hmmm. Ein paar Beeren hat er schon in seiner Tasche. Aber noch nicht so sehr viele. Die meisten landen nämlich gleich in Samsons Mund. „Leckere Beeren für den Bären!“ schmatzt er. Gerade hat Samson wieder ein Beerenfeld im Waldmoos entdeckt, da hört er ein Getuschel.

„Nee, das ist auch nichts, ... aber wenn wir nun ... jetzt weiß ich was...“ Samson hört immer nur Sprachfetzen. Und die Stimmen sind ganz leise. Aber irgendwie kennt Samson die Stimmen doch ... Das sind doch ... „Hallo, Tiffy! Hallo, Finchen! Was macht ihr denn hier?“

Auf einer Lichtung unter den tief hängenden Zweigen einer Rotbuche haben die beiden es sich gemütlich gemacht. Wie aus einem Munde rufen sie:

„Ach, du kommst uns wie gerufen, Samson, hast du schon eins?“

„Eins was?“, fragt Samson verständnislos.

„Na, ein Geburtstagsgeschenk für Rumpel!“, ruft Finchen. „Wir haben uns schon alles Mögliche überlegt, aber uns fällt einfach nichts Gutes ein! Und morgen hat er schon Geburtstag!“

Nein, Samson hat vor lauter Beerensammeln Rumpels Geburtstag ganz vergessen. Also setzt er sich zu ihnen, stellt seine Beerentasche in die Mitte und nun überlegen die drei gemeinsam. Und während sie so überlegen, naschen sie immer mal wieder eine Beere.

„Einen neuen Schlüsselring!“, schlägt er gleich eifrig vor.

„Nee, der nimmt doch sowieso nur seinen alten!“

„Wir malen seine Tonne frisch an. Die Farbe ist schon ganz abgeblättert!“

„Na, da würde er uns was erzählen. Rumpel liebt doch gerade seine abgeblätterte Tonne. Das klappt nicht!“

Und so geht es hin und her. Wie macht man einem Griesgram eine Geburtstagsfreude, der immer genau das schrecklich findet, was man selbst schön findet?

„Habt ihr ihn denn schon gefragt, was er sich so wünscht?“ Samson fischt noch eine Beere aus der Tasche. Finchen und Tiffy sehen sich an. „Fragen!“, ruft Finchen und reckt sich hoch. „Wir sind vielleicht blöd! Tiffy, warum zermartern wir uns hier das Hirn, wenn wir Rumpel doch einfach fragen können!“

„Das weiß ich auch nicht, ich dachte, du hättest …“

Die beiden sind aufgesprungen. Auch Samson erhebt sich. Alle drei vergewissern sich noch, dass sie im Wald auch nichts liegengelassen haben und dann geht es auf zu Rumpel.

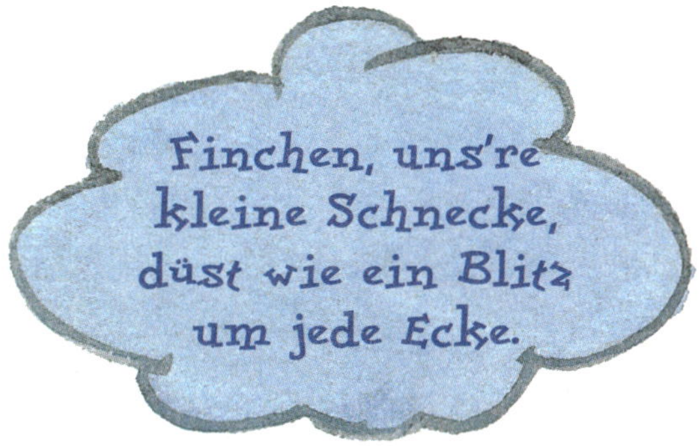

„Rumpel! Rumpel!“ Finchen sitzt auf seiner Tonne und klopft kräftig auf den Deckel. Samson und Tiffy klopfen auch.

„Rumpel, wir wollen dich was fragen!“

Zack, fliegt der Tonnendeckel auf, so dass Finchen fast im hohen Bogen herunter geflogen wäre. Aber sie hat sich schnell eingerollt und in die Arme von Samson fallen lassen. Auf diesen Trick sind die beiden ganz stolz.

„Was ist los?!“ Ein griesgrämiger Rumpel taucht aus dem Fass auf. „Was wollt ihr von mir! Ich hab gerade von meiner klasse Griesgramgeburtstagsparty geträumt, und da weckt ihr mich so dämlich?“

Vielleicht hätten wir mit der Fragerei warten sollen, bis Rumpel besser gelaunt ist, denkt Samson. „Wir wollten ja nur wissen, was du dir zum Geburtstag wünschst“, sagt Tiffy.

„Ja, wir wollen dir eine Freude machen!“, sagt Samson schnell hinterher.

„Eine Freude machen? Zum Geburtstag? Und dafür weckt ihr mich? Mit Gebrüll und Klopferei? Denkt euch selbst was aus!“ Zack ist der Tonnendeckel wieder zu. Die drei sehen sich betreten an. Das war wohl kein so guter Einfall. Zack, Rumpel lässt den Deckel noch einmal hochfliegen. „Wenn ihr mir unbedingt eine Freude machen wollt“, schnurrt Rumpel plötzlich ganz überlieblich,“ dann wünsche ich mir von jedem von euch das Liebste.“

Die drei sehen sich verwirrt an. Das Liebste?

„Wie meinst du das?“, fragt Finchen.

„Von dir, Finchen, wünsche ich mir das Skateboard, von dir, Tiffy, deinen Lieblingswecker und von dir, Samson, dein Schnuffeltuch. Zufrieden?!“ Und schon taucht Rumpel wieder ab.

Die drei sehen sich verwirrt an. „Meint er das wiklich ernst? Er will unsere Lieblingssachen haben?“, fragt Samson.

Finchen holt tief Luft. „Ich fürchte ja! Von jedem das Liebste“, seufzt sie.

„Das ist gemein!“, brummt Samson.

Tiffy blickt von einem zum anderen. Dann grinst sie breit und boxt Samson begeistert in die Seite.

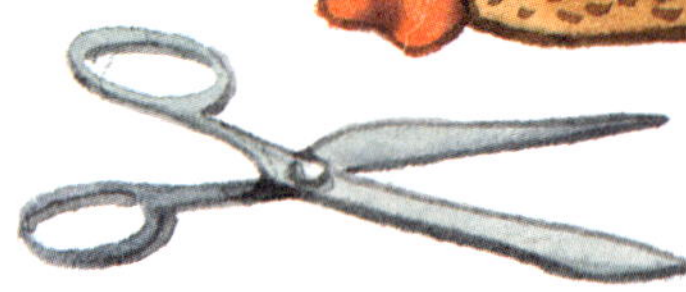

„Kommt mit! Unser Freund Rumpel wird Augen machen. Das wird ein Geburtstagsgeschenk, an das er noch lange denken wird!“ Sie zieht Finchen und Samson zu ihrer Bastelecke. „Finchen, hast du nur dein eines Lieblingsskateboard?“

„Na ja, ich hab noch das, mit dem ich bei meiner Freundin Marieke am Strand gefahren bin. Das kann ich jetzt leider nicht mehr benutzen, weil durch das Salz die Reifen stumpf ...“

„Na prima“, unterbricht Tiffy ihre Freundin, die mal wieder zu einem langen Redefluss ansetzen will. „Ich stifte den Wecker, den Rumpel für meinen Lieblingswecker hält. Er weiß nämlich nicht, dass ich gerade einen neuen zum Auseinandernehmen bekommen habe. Und du Samson?“

Samson muss ein bisschen nachdenken. Von welchem Schnuffeltuch kann er sich am leichtesten trennen? „Ich hab noch so ein kleines Tuch. Das ist mir immer zu hart zum Schnuffeln und das ist auch so dunkel. Das nehme ich nur noch als Ersatzschnuffeltuch!“

„Also gut. Wir machen das so ...“

Die drei stecken die Köpfe zusammen und sind dann für den Rest des Tages mit viel Gelächter in Tiffys Bastelecke beschäftigt. Am nächsten Morgen schleichen sie ganz früh unter leisem Gekicher zu Rumpels Tonne. Dort basteln und bauen sie wieder ein bisschen. Sie befestigen auf einem Brett leicht schräg das Skateboard und daneben Tiffys Wecker. Darüber schwebt an einer Latte als zusammengepresster nasser Ball Samsons Schnuffeltuch in einem kleinen Korb. Von dem Korb baumelt eine Strippe herunter. Die drei

betrachten zufrieden ihr Werk. Dann verstecken sie sich hinter der Tonne.

„Hoffentlich geht das gut!“, wispert Samson.

„Wieso – wir erfüllen ihm doch seinen Geburtstagswunsch!“, flüstert Tiffy zurück.

„Aber wie ...“, kichert Finchen.

„Los, zieh, Tiffy! Eins, zwei, ...“

„Drei!“, ruft Tiffy und zieht an der Strippe. Der Korb kippt um, Samsons nasser Schnuffeltuchball fällt herunter auf das schräge Skateboard. Das wippt nach unten und stößt damit den Wecker an, der gleich ohrenbetäubend zu klingeln anfängt. Laut, schrill und lange! Zack, fliegt der Tonnendeckel hoch.

„Was ist denn das für ein Krach!“

„Happy birthday to you. Happy birthday to you. Happy birthday, lieber Rumpel, happy birthday to you!“, singen die drei zu der immer noch rasselnden Weckerkatzenmusik. Dann ist es endlich still. Rumpel betrachtet nacheinander die Weckerkonstruktion und dann Samson, Tiffy und Finchen. „Sagt bloß, das habt ihr gemacht!“

„Na klar!“, antworten die drei im Chor.

„Hätte ich euch gar nicht zugetraut!“, muss Rumpel zugeben.

„Na ja, wir dachten, du brauchst dringend eine Tonnenklingel, damit wir nicht immer so lange auf dem Deckel rumklopfen müssen!“, erklärt Finchen grinsend.

„Und da du ja unbedingt unsere liebsten Sachen haben wolltest ...“, meint Tiffy.

„Haben wir uns schweren Herzens davon getrennt!“, beendet Samson die kleine Ansprache. „Du hast doch heute zu einer großen Griesgramgeburtstagsparty eingeladen“, sagt Tiffy.

„Dann werden ja viele Gäste kommen“, meint Finchen und legt den Schnuffeltuchball wieder in sein Körbchen.

„Du hast also den ganzen Tag Gelegenheit, deine neue Klingel auszuprobieren!“, sagt Samson freundlich. Die drei nicken Rumpel noch strahlend zu, drehen sich um und ziehen fröhlich pfeifend davon. Rumpel sieht ihnen sprachlos nach. Dann räuspert er sich. „Ich habe meine lieben Fusselfreunde unterschätzt“, murmelt er und spielt versonnen mit dem Schnuffeltuchkörbchen. „Tja, sie haben eben schon viel von mir gelernt!“ Dann stößt er einen kleinen Jubelschrei aus. Wenn niemand zuhört, kann er schließlich zugeben, dass er sich über dieses Klingelgeschenk riesig freut.

TIFFYS SCHOKOLADENEIS

für 6 Monsterkinder

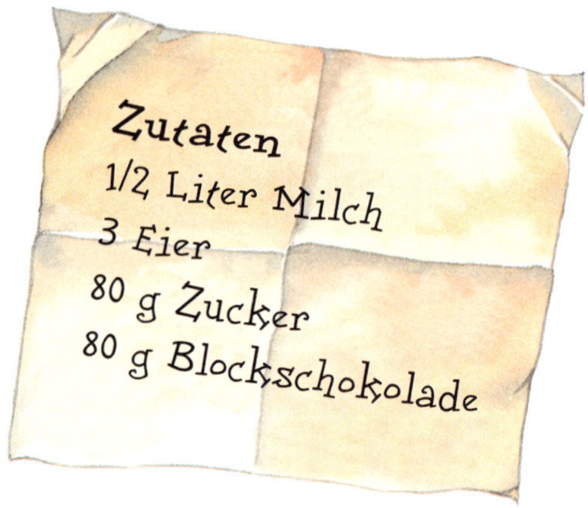

Tiffy steht im Bistro vor dem Kühlschrank. „Also wie war das jetzt?", fragt sie sich selbst. „Milch, Eier, Blockschokolade." Sie stellt alles auf den Küchentisch. „Und Zucker! Na, die anderen werden aber staunen, wenn sie bei mir selbstgemachtes Schokoladeneis bekommen!" Tiffy läuft schon jetzt das Wasser im Schnabel zusammen. Sie misst in einem Messbecher 3/8 Liter Milch ab und gießt sie in einen Topf. Dann wiegt sie auf einer Küchenwaage 80 Gramm von der Blockschokolade ab und bröckelt sie in die Milch. So, jetzt die Herdplatte auf „klein" anstellen, den Topf draufstellen und warten, bis die Milch kocht. Mit einem Löffel rührt Tiffy vorsichtig um, damit sich die Schokolade mit der Milch verbindet. Und gut aufpassen, damit die Milch nicht überkocht! Das hat Tiffy in der Schule gelernt. Sie legt den Löffel weg und schlägt drei Eier in einen anderen Topf. Dann nimmt sie wieder den Messbecher, wiegt 80 Gramm Zucker ab und lässt ihn über die Eier in den Topf rieseln – Tiffy beißt sich vor lauter Eifer fast auf den Schnabel.

Sie nimmt den Schneebesen und schlägt ihn vorsichtig durch die Masse. Ja, jetzt weiß sie, wieso es „Schneebesen" heißt: Die Masse sieht genau aus, wie gelbweißer Schnee...

Langsam gießt Tiffy noch 1/8 Liter Milch zu der Eier-Zuckermasse und rührt weiter mit dem Schneebesen.

Was macht die Milch? Ja, die wirft gerade ein paar kleine Blasen. Tiffy stellt die Herdplatte auf ganz klein, nimmt den Topf kurz von der Platte und gießt ihren Eier-Zucker-Milch-Schneeschaum in die heiße Milch. Was hat sie in der Schule gelernt? Jetzt langsam und geduldig mit dem Schneebesen kräftig rühren und immer aufpassen, dass die Eismasse ganz bestimmt nicht kocht, sondern nur noch ein wenig warm ist. Nach einer Weile stellt Tiffy die Herdplatte ganz aus. Dann nimmt sie einen kleinen Löffel aus der Schublade und taucht ihn in die Masse. Wie Sahne fließt sie vom Löffel ab. Den Rest nascht Tiffy schnell. Hmmm, wie lecker! Vorsichtig nimmt sie den Topf und gießt die Creme in eine Schüssel. Dann rührt sie wieder eine Weile, bis die Masse schon ziemlich kalt ist. Puh, ist das anstrengend. So, jetzt ist genug gerührt. Tiffy wäscht schnell die Küchensachen ab und räumt alles wieder in den Küchenschrank. Dann prüft sie noch einmal die Creme: Ja, jetzt ist sie ganz kalt. Tiffy öffnet die Tür des Gefrierschranks und stellt die Schüssel hinein. Bis zum Nachmittag wird das Eis gefroren sein:

Tiffys selbstgemachtes Schokoladeneis.

Tiffy spielt mit
einer Maus:
sie kennt sich mit
Computern aus!

Tiffys Geburtstagsfreundin

„Sie kommt! Sie kommt wirklich!“ Freudestrahlend läuft Tiffy zu Samsons Höhle. Der schaukelt gerade friedlich in seiner Hängematte und hält einen kleinen Schwatz mit Finchen.

„Wer kommt?“, brummt Samson und dreht sich zu Tiffy um.

„Na Tanja, meine polnische Brieffreundin aus dem Internet! Sie kommt tatsächlich zu meinem Geburtstag. Ich muss alles schön

machen. Aufräumen, meine Computerhefte ordnen, ich muss das alles schaffen!" Und schon ist Tiffy wieder verschwunden.

„Hast du das verstanden?", fragt Samson Finchen. „Woher kommt Tiffys Freundin?"

„Aus Polen!", antwortet Finchen.

„Nee, das hieß doch ganz anders. Internat oder so ..."

„Nee, Internet!", sagt Finchen und kaut an einem Grashalm. „Tiffy hat doch in der letzten Zeit immer mit Schorsch am Computer gesessen. Schorsch hat ihr gezeigt, was man damit so alles machen kann. Und plötzlich hat sich über Internet ein Kunde von Schorsch gemeldet. Das ist so eine Art Computertelefon. Und davon ist Tiffy nun schwer begeistert. Sie hat über das Internet sogar eine Brieffreundin. Das ist Tanja aus Polen. Mit der schreibt sie sich immer über Schorschs Computertelefon. Glaub ja nicht, dass ich seitdem mit Tiffy mal ein Schwätzchen halten konnte. Tanja, Tanja ... das ist alles. Grauenvoll!"

„Ach, deswegen hast du plötzlich soviel Zeit für mich!", grinst Samson. Seine Schneckenfreundin hält ihre Schnatterstündchen sonst nie so ausführlich bei ihm.

„Ach, Samson ...", meint Finchen nur und streichelt ihren Bärenfreund.

„Und was machen wir jetzt mit dieser Tanja?", fragt Samson. „Nichts. Abwarten. Wir werden ja sehen!" Finchen steht auf. „Erstmal solltest du deine Bärenbeinchen schwingen und mit mir kommen. Wir müssen nämlich noch Tiffys Geschenke einpacken!" Da hat sie Recht, denkt Samson. Er gibt sich einen Ruck, verlässt seine gemütliche Hängematte und den restlichen Nachmittag verbringen die beiden mit bunten Bändern, Papier und Schleifen.

Am nächsten Tag ist es soweit. Finchen holt Samson ab, die beiden holen Rumpel ab, die drei holen Buh ab. Und alle vier gehen zu

Tiffy und singen ihr ein Geburtstagsständchen und überreichen ihre kleinen Geburtstagsgeschenke. Die sieht sich das auch flüchtig an, aber dann zeigt sie auf ein rotblondes Mädchen. „Das ist Tanja!“, stellt Tiffy stolz vor.

„Hallo!“, sagt Tanja fröhlich.

„Hallo!“, brummeln die anderen durcheinander.

„Sprichst du deutsch?“, fragt Finchen neugierig.

„Ja, das kann sie ganz toll!“, antwortet Tiffy, bevor Tanja überhaupt zu Wort kommen kann. „Sie wohnt nämlich ganz in der Nähe der deutschen Grenze. Komm, ich zeige dir meine Computerheftsammlung!“ Und damit zieht Tiffy Tanja von ihren Freunden weg. Die sehen sich etwas verdutzt an.

Finchen nascht am Kuchen, Samson schaut Tiffy und Tanja unschlüssig nach und Rumpel dreht sich kurz entschlossen um: „Das war's dann ja wohl!"
Und schon ist er in seiner Tonne verschwunden. „Ich muss noch üben!", meint Buh und fliegt in sein Baumloch. Wunderschöne Saxofonklänge wehen bald darauf über die Sesamstraße. „Eigentlich sieht sie ganz nett aus", meint Samson.

„Hmm", macht Finchen. „Bestimmt wird das jetzt Tiffys beste Freundin."

Samson nimmt Finchen ganz schnell in die Arme. „Glaub ich nicht!", sagt er. „Von wem soll Tiffy denn Skateboard fahren lernen, wenn nicht von dir. Das kann doch niemand so gut wie du. Und außerdem fährt Tanja doch auch wieder weg!"

Aber da taucht Tiffy mit Tanja auch schon wieder auf. „Wo seid ihr denn alle – wir wollen doch spielen. Es gibt auch was zu gewinnen!!"

„Du warst ja bis jetzt beschäftigt", meint Finchen etwas spitz. „Und Rumpel ist schon wieder gegangen."

Tanja sieht etwas unglücklich von einem zum anderen. Sie merkt schon, dass Tiffys Freunde eifersüchtig sind. „Können wir nicht doch alle zusammen spielen?", fragt sie.

„Rumpel, komm wieder her. Es gibt was zu gewinnen!", ruft Samson und lächelt Tanja zu. Sie hat so niedliche Sommersprossen auf der Nase. Die schimmern fast so rot wie Samsons Fell.

Klapp, fliegt der Tonnendeckel hoch. Rumpel klettert raus und schlendert zu ihnen herüber. „Soll das hier etwa doch noch ein richtiger Geburtstag werden? Ich dachte schon, Tiffy hat alles gestrichen. Ich gewinne nämlich immer!", sagt er zu Tanja.

„Immer?", fragt sie zweifelnd und legt den Kopf schief.

Buh spielt die Musik zum Fest in seinem kleinen Höhlennest.

„Also“, fängt Tiffy an, „wir machen eine Schnitzeljagd. Ihr bekommt diesen Plan hier. Darauf habe ich euch einen kleinen Weg durch unsere Sesamstraße gemalt. Von jeder Station müsst ihr etwas mitbringen. Wer zuerst rät, wofür die einzelnen Teile sind, bekommt den Preis. Ich decke inzwischen den Kaffeetisch. Viel Spaß!“ Und schon ist Tiffy im Bistro verschwunden.

Ihre Freunde beugen sich über die Karte. Da sind Linien und Bilder und Pfeile drauf. „Das ist meine Höhle!“, sagt Samson stolz.

„Du wohnst in einer Höhle?“, fragt Tanja erstaunt.

„Na klar“, antwortet Samson. „Ich bin doch ein Bär!“

„Was sind denn das hier für kleine Bilder?“, fragt Finchen.

„Das sind Symbole. Die gibt es auch im Computer. Wenn man etwas sucht, kann man es mit diesen Symbolen finden“, antwortet Tanja. Finchen sieht sie interessiert von der Seite an. Diese Tanja weiß eine ganze Menge.

„Was ist jetzt, kommt mal in die Hufe. Ich will meinen Gewinn abholen.“ Rumpel schubst Samson ungeduldig an.
„Also, wenn ich das richtig sehe, geht es zuerst zu meiner Tonne. Daneben steht nämlich eine Eins.“

„Wo ist die Tonne?“, fragt Tanja.

„Da führen wir dich schon hin!“, antwortet Rumpel.

„Da muss es aber einen Deckel geben. Hier auf dem Symbol ist ein Deckel gemalt. Hat deine Tonne einen Deckel?“

„Dumme Frage. Natürlich hat meine Tonne einen Deckel.“

„Ja, den kann er besonders laut zuklappen!“, ergänzt Samson.

Die vier machen sich gemeinsam auf den Weg. Tanja

SESAMSTRASSE
SCHNITZELJAGD
3
2
1
START

bestaunt Rumpels Tonne und seine bunte Siebensachen-Mischung, die daneben liegt. „Was ist jetzt mit dem Deckel?“, fragt Tanja.

„Hier!“, ruft Finchen. „Hier hinten hängt eine gelbe Schleife dran! Die müssen wir mitnehmen!“

„Mach die bloß schnell ab“, muffelt Rumpel. „Die verunziert ja meine schöne Tonne!“

„Wo geht es jetzt hin?“, fragt Tanja.

„Zu meiner Höhle! Auf dem Plan ist neben meiner Höhle eine Zwei gemalt“, verkündet Samson. Finchen schaut auch auf den Plan. „Und das Symbol? Sieh mal Tanja, was könnte das sein?

Vielleicht eine..“

„Eine Hängematte“, meint Tanja.

„Na klar!“, ruft Finchen. „Samson hat die schönste Hängematte der Welt!“

Also auf zu Samsons Höhle. Dort untersuchen sie sofort ganz genau die Hängematte, die leicht im Wind schaukelt.

„Gehört dieses Strohbund auch dazu?“, fragt Tanja.

„Nee!“, meint Samson, „Das gehört bestimmt zum Preis!“

„Also wenn ihr mich fragt, müssen wir jetzt zu Buh“, meint Rumpel, der wieder den Plan betrachtet. „Ein gemalter Baum mit einer Drei.“ Tanja sieht sich neben Rumpel den Plan an. „Und dazu ein Ast als ...“ „Symbol!“, rufen Samson und Finchen im Chor.

Die Schnitzeljagd macht wirklich Spaß! Auch mit Tanja, denkt Finchen und hakt sich bei der neuen Freundin ein. So spazieren sie gemeinsam hinüber zu Buh.

Buhs Baum wird von den vieren gründlich untersucht. Aber welchen Ast hat Tiffy gemeint? Da unterbricht Buh sein schönes Spiel. „Der da hinten hängt ganz tief herunter!“, ruft er von oben.

„Oh, schaut mal!“, ruft Tanja. „Da liegt eine wunderschöne Pfingstrose!“

„Habt ihr endlich alles gefunden?“, fragt ein Stimme neben ihnen. Tiffy steht da und versteckt die Hände hinter ihrem Rücken. „Also: was soll aus den Dingen, die ihr gefunden habt, werden?“

„Ein Blumenstrauß, ein Geschenk, eine Strohpuppe ...“, rufen Samson, Finchen und Tanja durcheinander.

„Also, wie ich Tiffy kenne, wird sie wieder einen ihrer unnachahmliche schaurigen Hüte daraus fummeln!“, murmelt Rumpel, der gelassen an Buhs Baum lehnt.

„Gewonnen, Rumpel! Du hast es wieder mal geschafft!“, ruft Tiffy. Sie nimmt Rumpel seine dummen Sprüche nicht übel. Hinter ihrem Rücken holt sie einen Strohhut hervor. Geschickt befestigt sie die Schleife, das Stroh und die Blume am Hut. Traumhaft schön sieht er jetzt aus! Dann setzt sie ihn Rumpel auf den Kopf. „Der erste Preis für Rumpel!“, ruft sie und alle klatschen und lachen.

Rumpel sieht mit dem Hut völlig unrumpelig aus. Und deswegen nimmt er ihn auch schnell wieder ab. „Ihr werdet es nicht glauben, aber diesmal verzichte ich auf den ersten Preis. Ich glaube, dieser Hut steht Tanja sehr viel besser!“ Staunend sehen Rumpels Freunde, wie dieser überaus galant Tiffys Freundin den Hut aufsetzt. Dass ein Griesgram dazu fähig ist! „Als Gegenleistung verlange ich allerdings mindestens ein Stück Geburtstagskuchen mehr!“, sagt er und zieht Tiffy zum Bistro. „Mit Senf und grünem Käse!“

„Dzikuje“, ruft Tanja hinter ihm her. „Das heißt ‘danke’!“, ruft Tiffy über die Schulter zurück. Und zufrieden setzt sie sich mit all ihren Freunden an ihre Geburtstagstafel.

Mein Geburtstag ist erst morgen!

Es ist noch früh am Morgen. Auf der Sesamstraße rührt sich noch nichts. Langsam zieht Bibo seinen Schnabel aus seinem gelben Fell. Dann reckt und streckt er sich und gähnt herzhaft. „Uaahh! Guten Morgen, liebe Sesamstraße!“ Das macht Bibo jeden Morgen. Damit der Tag auf der Sesamstraße auch schön wird.

„Tüdelüdelü!“ Das Telefon neben Oskars Tonne, die schräg gegenüber von Bibos Nest steht, klingelt. Der Tonnendeckel hebt sich ein wenig, Oskars grüne Hand greift nach dem Telefon und ist auch schon wieder in der Tonne verschwunden.

„Oskar!“, denkt Bibo. „Der hat doch heute Geburtstag!“ Jetzt weiß Bibo wieder, warum er heute morgen schon ganz früh aufstehen wollte. Er steigt aus seinem Nest aus. Dann zupft er an seinem gelben Federkleid herum. Schließlich schnappt er sich ein ganz langes Stück Papier, wickelt darin etwas ein und macht sich auf den Weg zu Oskar. Feierlich klopft er an die Tonne. Zack, fliegt der Tonnendeckel hoch, Oskar erscheint mit dem Telefonhörer noch am Ohr. Bibo öffnet schon seinen Schnabel, aber Oskar ist noch ins Gespräch vertieft.

„Ist gut, Griesella, zieh was schön Hässliches an und bring ganz laute Krachmusik mit. Das wird eine super Griesgramparty. Wie? Nein,

wir sind ganz unter uns. Bei 'ner richtigen Griesgramparty hat außer uns niemand was zu suchen. Bis nachher!" Er legt auf.

Jetzt kann Bibo loslegen: „Herzlichen Glückwunsch zum Geburtstag, lieber Oskar, hier ist dein Geschenk!" Er überreicht Oskar das lange Paket. „Ich freue mich auch schon auf deine Party!"

„Du freust dich auf meine Griesgramparty?" Oskar kann sein Entsetzen nur schlecht verbergen. Bibo stört zwischen all den Griesgrammonstern doch nur. „Äh, Bibo, du hast da was falsch verstanden. Mein Geburtstag ist erst morgen!"

„Erst morgen?" Da ist Bibo aber sehr enttäuscht. Wo er sich doch so auf Oskars Geburtstag gefreut hat. „Ach jaa? Tut mir leid, Oskar, dann komm ich mit meinem Geschenk morgen wieder.“ Bibo schnappt sich das lange Paket und will gehen.

„Bibo?“

„Ja, Oskar?“

„Was ist denn drin?“ Auch ein Griesgrammonster ist schließlich neugierig.

„Wo drin?“

„Na, in dem langen Paket da!“

„Hach!“, lacht Bibo. „Das darf ich dir doch nicht verraten. Du hast doch erst morgen Geburtstag!“ Er beugt sich zu Oskar. „Ich werde

dir mit keinem einzigen Wörtchen verraten, dass da meine allerschönste, knallgelbe Schwanzfeder drin ist!“ Stolz richtet sich Bibo wieder auf.

„Wirst du mir nicht verraten?!“ Na, das macht nichts, denkt Oskar, erstens hast du’s mir ja nun verraten und zweitens gehört eine Schwanzfeder sowieso nicht zu meinen vordringlichen Geburtstagswünschen. Oskar will sich schon wieder in seine Tonne verziehen, aber da fällt ihm noch eine Frage ein. „Was kann man denn damit machen, Bibo?“

„Womit?“ Bibo ist auf der Hut. So schnell wird er sich von Oskar das Geschenk nicht entlocken lassen.

„Mit meinem Geburtstagsgeschenk?“

Bibo überlegt. „Na gut! Damit du dich schon ein bisschen auf morgen vorfreuen kannst, verrate ich dir etwas: du kannst damit schreiben, streicheln, kitzeln, kratzen …“

„Kratzen?“ Oskars Interesse ist nun doch geweckt. Eine kratzende Feder könnte der Hit auf der Griesgramgeburtstagsparty werden! „Bibo?“

„Ja, Oskar?“ Bibo will gerade wieder gehen. „Bibo, ich muss dir was sagen. Im Vertrauen.“

‘Im Vertrauen’ klingt gut. Neugierig beugt sich Bibo wieder zu Oskar. Der flüstert ihm ins Ohr: „Du kannst mir dein Geburtstagsgeschenk doch geben. Mein Geburtstag war schon gestern!“

„Schon gestern?!“, ruft Bibo entsetzt. Wie konnte er das vergessen!

„Oskar, das tut mir aber sehr leid, also herzlichen Glückwunsch zum Geburtstag, nachträglich. Ich wünsch dir viel Glück und schöne Geschenke. Schade, dass ich deine Party jetzt verpasst habe. War es denn lustig? Ich …“ Bibo ist untröstlich. Dass er sich Oskars Geburtstag aber auch nie genau merken kann!

„Ja, es war sehr lustig und jetzt gib endlich mein Geschenk her!“ So viel Zeit zum Reden hatte Oskar nicht mehr, schließlich kommen seine Gäste gleich. Bibo nestelt an dem Paket rum. „Oskar, das geht nicht!“

„Wieso geht das nicht?“, fragt Oskar verständnislos.

„Eine gute Geburtstagsschwanzfeder muss immer am Jahrestag des Geburtstags ausgezupft werden. Sonst kitzelt sie nicht so gut. Diese hier kann ich dir jetzt nicht mehr anbieten. Wirklich nicht, Oskar, das wäre nicht nett von mir, es tut mir ja so leid, dass ich gestern nicht an dich gedacht habe, aber ..."

„BIBO!" Oskar kann es nicht fassen. Wie kommt er jetzt an den Hit seiner Griesgramfeier? „Bibo, kann ich dir vertrauen?" „Natürlich Oskar, das weißt du doch!" Bibo beugt sich wieder zu seinem Monsterfreund. „Was ist los!" Oskar sieht Bibo fest in die Augen. „Mir reicht auch eine Feder, die nicht ganz so gut kratzt, äh, kitzelt. Ehrlich!" Oskar sieht Bibo so treuherzig, wie es ihm nur möglich ist, an. Er ist sich schon fast sicher, dass er Bibo überzeugt hat, da werden sie durch eine Stimme unterbrochen.

„Hallo, altes Griesgramtier! Scheußlichen Glückwunsch! Du siehst so richtig schön grauenvoll alt aus!" Oskars Freundin Griesella haut ihm kräftig auf die Schulter. Bibo sieht verblüfft von einem Griesgrammonster zum anderen. „Du hast ja doch heute Geburtstag!"

„Ja, scheint so ... Wie gut, dass Griesella es so gut weiß, danke Griesella!" Oskar bleibt ganz gelassen.

„Na, also dann kann ich dir die Schwanzfeder ja doch schenken!", freut sich Bibo und packt gleich selbst das Paket aus. „Na eben! Gib her! Alles paletti, du gelber Federmop. Und jetzt komm, Griesella, die Party kann starten!" Oskar will Bibo schnell loswerden. Aber Griesella sieht Bibo interessiert an. „Ey, bist du etwa dieser große gelbe Vogel, von dem Oskar immer so herrlich dumme Witze erzählt?"

„Genau und deshalb komm jetzt!" Oskar versucht Griesella von Bibo wegzuziehen.

OSKARS GEBURTSTAGS GRIESGRAMMONSTERPARTY

„Nun lass mich doch mal“, wehrt sich Griesella. „Der Typ ist doch wunderbar. Hat er dir diese klasse Schwanzfeder zum Kitzeln und Kratzen geschenkt? War ja ‘ne Spitzenidee von dir, das Flattervieh einzuladen. Der wird der Hit der Party!“ Und bevor Oskar noch etwas anderes sagen kann, wird er von vielen neuen Griesgrammonstern begrüßt, die ihm jetzt alle lautstark gratulieren.

Oskar liebt
vor allem Müll:
aus Plastik, Eisen
und auch Tüll.

Bibo weiß auch nicht, wie ihm geschieht, aber in dieser lauten, bunten Monsterschar, die sich begeistert mit seiner Schwanzfeder kitzelt und kratzt, fühlt er sich eigentlich ganz wohl.

Nur Oskar schüttelt den Kopf. „Kann mir mal jemand sagen, warum ich es nie schaffe, dieses große, gelbe Vogeltier loszuwerden?! Das nächste Mal feiere ich meinen Geburtstag bei Opa Grumpur. Allein. Ohne alle. Nur mit Opas Lumpensammlung und schöner alter Paprikalimonade. Prost!“ Zum Trost dafür, dass Bibo von Oskars Monsterverwandten nun mehr beachtet wird als er selbst, kratzt Oskar sich lange und ausgiebig mit seiner neuen, scheußlich schönen gelben Geburtstagsschwanzfeder. Und Bibo genießt seine unerwartete Rolle als Stargast von Oskars Geburtstagsparty.

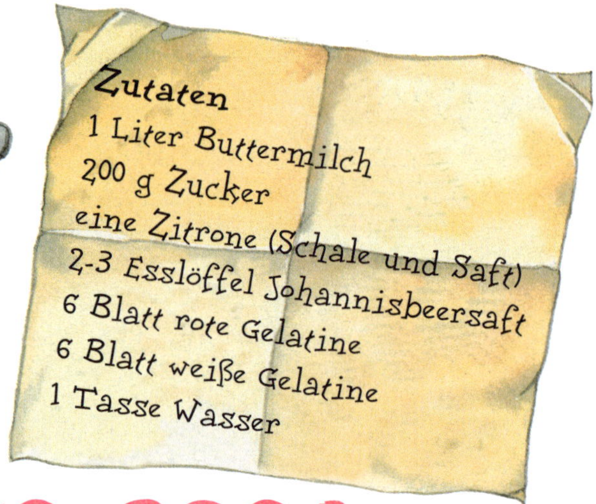

SAMSONS ROSA BUTTERMILCHSPEISE

für 12 Monsterkinder

„Ich kann das, ich kann das, ich kann das!“ Samson läuft in der Bistroküche auf und ab und versichert Tiffy, und ein bisschen auch sich selbst, immer wieder, dass er eine prima Küchenhilfe ist.

„Na, dann los!“, sagt Tiffy und gibt Samson eine Flasche mit genau einem Liter Buttermilch. Den gießt Samson in einen großen Topf.

Dann misst Tiffy 200 Gramm Zucker in einem Messbecher ab. Vorsichtig gibt Samson den Zucker zur Buttermilch.

In der Zwischenzeit hat Tiffy eine Zitrone ausgepresst. „Ein bisschen Schale brauchen wir auch noch!“, sagt Samson. Tiffy sieht sich schnell das Schild an der Zitrone an: Unbehandelt, steht da drauf. „Na gut, dann geht das!“, sagt Tiffy und schabt schnell ein paar Stückchen ab. Die lässt Samson auch in die Buttermilch fallen.

„Jetzt kommt das Leckerste! Der Johannisbeersaft!“, freut sich Samson. Er gießt ganz langsam den Johannisbeersaft über einen Esslöffel. „Zwei bis drei Löffel! Siehst du, Tiffy, ich kann das!“ Samson ist mit sich zufrieden. Kochen macht Spaß! Dann nimmt er einen Löffel

und rührt die Buttermilch-Zucker-Zitronen-Johannisbeermasse kräftig um.

„Fünf Minuten lang, Samson, ich weiche inzwischen die Gelatine ein.“ Tiffy holt 6 Blatt rote und 6 Blatt weiße Gelatine aus dem Küchenschrank. Dann legt sie die Blätter in eine Schale mit lauwarmem Wasser, bis die Blätter nicht mehr steif, sondern ganz weich geworden sind. „So, Samson, jetzt rühren wir alles zusammen!“ Sie nimmt die Gelatine aus dem Wasser und legt sie in die Masse. Dann gießt sie noch eine Tasse kalten Wassers dazu. „So, Samson, jetzt kannst du weiter rühren!“

„Mach ich!“, sagt Samson und schwingt begeistert den Löffel.

„Hmm, lecker!“, finden sie.

Tiffy holt eine Glasschale und ein großes Sieb. Samson hält das Sieb über die Schale und Tiffy streicht die Buttermilchspeise durch das Sieb. Fertig!

„Weißt du, wie die Speise noch schöner aussieht?“, fragt Samson. Er wartet gar nicht erst Tiffys Antwort ab, sondern nimmt ein paar Johannisbeeren und „schmückt“ damit die Buttermilchspeise.

„Samson! Du kannst es wirklich!“, ruft Tiffy. „Du machst die beste

rosa Buttermilchspeise der Sesamstraße!